दिन आज भी थोड़ा गीला

काव्य संकलन

ऋतु झाझड़िया 'ऋत्'

INDIA • SINGAPORE • MALAYSIA

Notion Press Media Pvt Ltd

No. 50, Chettiyar Agaram Main Road,
Vanagaram, Chennai, Tamil Nadu – 600 095

First Published by Notion Press 2021

ISBN 978-1-68538-925-3

अनुक्रम

शुक्रिया 7

भूमिका 9

कविताएं एवं ग़ज़लें

1. अहसास 12
2. खता 14
3. मंज़िल 18
4. तोहफ़ा 20
5. ज़ुस्तज़ू 22
6. कसक 26
7. शगल 28
8. दास्ताँ 32
9. सहर 34
10. तन्हाई 38
11. ग़म का अंधेरा 42
12. रिश्ता: एक अहसास 44
13. कुछ पल 46
14. मनन 48
15. सोच का कारवां 50
16. ज़ख्म 52
17. समझौता 54

18. तमन्ना 56
19. कल सुबह 58
20. सपने 60
21. ख़ुशी 62
22. आज भी... 64
23. कोई अपना सा 66
24. शिकवा 68
25. हमसफ़र 70
26. आरज़ू 72
27. तन्हा 74
28. तुम कौन हो? 76
29. तलाश 78
30. शायद... 80
31. वज़ह 84
32. सब कह जाती हूं मैं 86
33. सुबह 88
34. फ़रेब 92
35. नज़रिया 94
36. नक़ाब 96
37. चेहरे 98
38. दिन आज भी थोड़ा गीला 100
39. पहचान 102
40. झरोखा 106
41. कहाँ सबके बस की बात है... 108
42. चुनिंदा शेर 110

शुक्रिया

ये काव्य संकलन पिछले कई वर्षों में इधर-उधर लिखी हुयी मेरी अभिव्यक्तियों को इकट्ठा करने की एक कोशिश है। इसमें लिखी हर कविता उस खास वक़्त पर मेरी पुरज़ोर महसूस की हुई भावना है जो इन पन्नों में उड़ेल दी थी मैंने। और इसलिए हर उस कविता के पीछे छिपी हुयी उस भावना को जगाने वाले हर शख़्स को मेरा दिली शुक्रिया। कभी किसी ने इतना आहत किया कि एक कविता बन गयी तो कभी किसी ने इतनी ख़ुशी दी कि दूसरी कविता। और ऐसे ही लिखते - लिखते उन सब कविताओं ने इस संकलन का स्वरूप ले लिया।

यह सब शुरू और संभव हुआ मेरे प्यारे माता-पिता, श्री कैलाश चंद्र झाझड़िया और श्रीमती श्रवणी देवी के दुलार, अथक प्रयास और निरंतर प्रोत्साहन की वजह से। मेरे लेखन ही नहीं, पूरे जीवन पर उनके प्रभाव का मैं शब्दों में शुक्रिया कर ही नहीं सकती। दुनिया की सारी लेखन विधा भी उसके लिए कम पड़ेगी और मैं ऐसी गुस्ताखी करने का प्रयास भी नहीं करूँगी।

मेरे वो सारे दोस्त जिन्होंने हमेशा मुझे आगे बढ़ने और लिखते रहने की प्रेरणा दी, जिन्होंने अक्सर मेरी कवितायें पढ़कर मुझे अपनी ईमानदार प्रतिक्रिया देकर मुझे बेहतर बनने में मदद की, जिन्होंने अक्सर महफ़िल सजा कर मेरी कविताओं को अपनी तारीफ़ से नवाज़ा। मैं शायद सबके नाम यहाँ ना ले पाऊँ मगर उनका योगदान मेरे लिए अमूल्य है।

हर वो श्रोता जिसने अपनी तालियों की गड़गड़ाहट से मेरा मनोबल बढ़ाया, जिसने मुझे हौंसला दिया मंच पर चढ़ कर अपनी भावनाओं की बेबाक़ प्रस्तुति का, और जिसने अपने विश्वास से मुझे सराबोर किया, आपका तहेदिल से शुक्रिया।

और कोई शुक्रिया काफी नहीं होगा मेरे हमसफ़र संदीप पूनिया का, जिसने न सिर्फ मेरे जीवन को गुलज़ार बनाया बल्कि मुझे ये संकलन प्रकाशित करने के लिए खुद से भी ज्यादा प्रोत्साहित किया। संदीप के साथ के बिना मेरी ये कवितायें शायद सिर्फ मेरी डायरी के अंदरूनी पन्नों पर ही रह जाती।

भूमिका

क्या करते हैं आप जब आपको कुछ बेहद तीव्रता से महसूस तो होता है मगर उसे अभिव्यक्त कैसे करें यह समझ नहीं आता?

जीवन के किसी भी और पड़ाव से कहीं ज्यादा उलझा हुआ होता है किशोरावस्था का मन। वैसे तो पूरा जीवन ही भावनाओं से गुत्थम-गुत्था चलती रहती है पर किशोरावस्था में ही पहली बार हम खुद से रूबरू होना शुरू करते हैं।

उसी कच्ची किशोर वय में मैंने भी पहली बार कलम उठायी और एक दिन अपनी खास सहेली से स्कूल में हुई लड़ाई की पूरी भड़ास *"खता"* में उड़ेल दी। उस दिन मुझे अपनी लेखनी की ताकत महसूस हुई। मुझे तो जैसे कोई रहस्यमय ख़ज़ाना मिल गया हो। फिर तो जब भी मैं खुल कर अपने आप को व्यक्त नहीं कर पाती या कोई बात मुझे अंदर ही अंदर कचोटती रहती, मैं उसे अपनी कविताओं में पिरो देती। और ये सिलसिला आज 21 वर्षों के बाद भी अनवरत जारी है।

मेरी लिखी हुयी अनगिनत कविताओं में से ये कुछ चुनिंदा कविताएँ मैं अपने इस पहले काव्य संकलन में आपके साथ साझा कर रही हूँ। बस यूँ मानिये कि अपने दिल की गहराइयों में आपको अपने साथ डूबने के लिए आमंत्रित कर रही हूँ।

इससे ज्यादा डर और उत्साह का मिला-जुला अनुभव मुझे कभी-कभी ही हुआ है। अगर ये कोशिश आपको पसंद आती है और अगर आप भी अपनी विविध भावनाओं को इन कविताओं में महसूस कर

पाते हैं तो मैं आगे और भी ऐसे अल्फ़ाज़ आपके सामने प्रस्तुत करने की हिमाक़त करती रहूंगी।

आशा है कि मेरी ये पहली कोशिश आपके दिलों को छुए और हमारा एक खूबसूरत रिश्ता क़ायम हो।

कविताएं
एवं
ग़ज़लें

अहसास

हृदय में कुसुमित होता है, मेरी भावनाओं का कमल।
जिसके अहसास से मेरे, नेत्र सहसा हो उठे सजल॥

न गिला, न शिकवा, न शिकायत है किसी से;
लगता है हर पल यही, शायद मोहब्बत है किसी से।
कदम उठाने से पहले, लाखों बार करती अमल॥

दीप अभिलाषाओं का, सजाया बड़े अरमान से;
हर अंधड़ आंधी से, और बचाया हर तूफ़ान से।
घृति[1] इसी का बन गया, रिसता हृदय से पानी विरल[2]॥

क्या कसूर था मेरा, फिर भी मिल रही है सज़ा;
सज़ा में भी कभी कभी, आ जाता असल मज़ा।
इंतहा हो गई सब्र की, पल - पल बोलती मेरी ग़ज़ल॥

(1999)

---

1 घी

2 रुक - रुक कर

खता

मन में पनपा था जो अंकुर शक़ का,
फसादों का शुरू हुआ सिलसिला।

खता उनकी भी थी कुछ,
कुछ हमसे भी खता हो गई;
शायद खुदा को मंजूर न था,
इसलिए ख़ुशी हमसे जुदा हो गई।

हुआ इतना कुछ मगर,
हमें नहीं कोई गिला॥

भरोसा था हमें उन पर,
उन्हीं पर था हमें एतबार;
मगर एक बार गए जो वो,
फिर ना हुआ उनका दीदार।

हमने जो मोहब्बत बख्शी उन्हें,
पाया नहीं उसका सिला॥

छाया ग़म का कुछ ऐसा अंधेरा,
बसंत भी हो गया पतझर;
कुछ सोचते ज़िंदगी की खातिर,
वो मिल जाते अगर।

हमने तो दिया सब कुछ,
उनसे ना कुछ भी मिला।

मन में पनपा था जो अंकुर शक़ का,
फसादों का शुरू हुआ सिलसिला॥

(1999)

मंज़िल

शायर का ख्वाब था जो, शाम-ओ-शबाब था जो;
दुश्मन कभी ज़मीं तो, कभी आसमाँ हो गया।
ख्वाब देखना भी तो, ऐ परवरदिगार;
सितम ओ बेदर्दी में, गुनाह हो गया॥

कामयाबी के लिए शमा दिल में जलती रही,
बढ़ता रहा हर दम वही जुनून;
अब जो मंज़िल का लुत्फ़ मिले,
तो आए चैन और मिले सुकून।

पहले जो परवाना था, आज वही शमा हो गया॥

कल तक थी जो दिल्लगी,
आज दिल की लगी हो गई;
समझा था सौतेला जिसे,
मंज़िल वही सगी हो गई।

यादें थी जो अब तक कहीं, वही आख़िरी निशाँ हो गया॥

ख्वाब देखना भी तो, ऐ परवरदिगार;
सितम ओ बेदर्दी में, गुनाह हो गया।

(1999)

तोहफ़ा

था इक दिल का ही तोहफ़ा,
उसको भी हमने खो दिया।
माँगा नहीं कुछ भी कभी,
लिया हर्ष से ख़ुदा ने जो दिया॥

घायल हुए जाते हैं,
अपनों की नज़ाकत से;
क़त्ल कर देते हैं हसीन,
कितनी शराफ़त से।

एक टूटे हुए हार में,
मोती फिर पिरो दिया॥

बच के रहना उन दिलों से,
जो देते हैं दग़ा;
सोये हुए ज़ख़्मों को,
लग जाती फिर हवा।

मुस्काते हुए जाने क्या हुआ,
मेरा दिलबर रो दिया॥

(2000)

ज़ुस्तज़ू

मेरी खामोश मोहब्बत के
लम्हों के हमसफ़र,
जज़्ब हो न जाएँ कहीं ये जज़्बात
ज़ुस्तज़ू बनकर

वो पहला इज़हार,
तेरे टूटे दिल का
वो छिपा इक़रार,
साया मुश्किल का
तू अपने ग़म को भुला दे,
मुझसे कहकर
हम खोजेंगे तेरा मलहम,
मर्ज़ खुद सहकर

जब तूने मुझे हमसाया
'ज़ख्म' का बनाया था
मुझसे ज़ाहिर किया,
जाने कितनों से छुपाया था

उठे तेरा ‘जनाज़ा’,
किसी ‘डोली’ के पीछे क्यों कर
जो अल्फ़ाज़ लब न कह पाएँ,
कह जाए नज़र

हम तुझे तन्हा रोने न देंगे,
मेरी पाक़ मोहब्बत की कसम
तेरा आशियाना खोने न देंगे,
खुद को लुटा देंगे हम

कोई ‘बेवफ़ा’ नाम दे तो क्या,
तुम हो पाक़ दामन ‘बावफ़ा’ रहकर
बहार आए ना आए,
गुलशन हो तमन्नाओं का शज़र

(2002)

कसक

इक कसक सी ये ज़िन्दगी की किताब है
गर हो अंधेरा तो ये जुगनुओं सा आफ़ताब है

ये लफ्ज़ खटकते हैं,
दिल के किस नाज़ुक कोने में
हमने 'बारहा' वक़्त ज़ाया किया,
'सहरा' से गुजर होने में
जज़्बात जाहिर करें ना करें, 'रश्क़ों' का यही अज़ाब है

वह समझ नहीं पाते हैं,
हम कह भी न पाएँ, सह भी न पाएँ
खुलें भी तो कैसे,
अब खामोश रह भी न पाएँ
मेरे इश्क़ की तन्हाइयों में, सरगोशियां बेहिसाब हैं

मिट न पाई 'तिशनगी' हमारी,
बरसात में भी
वह पहलू में मुस्कानों का खंज़र रखते हैं,
इन हालात में भी
दुश्मन है हर 'शै' अब तो, रात भर जलाता माहताब है

(2002)

शगल

खामोशियों से बातें करना,

आजकल हमारा शगल है

तन्हाइयों में डूबना - उतरना,

आजकल हमारा शगल है

यादों के गलियारों से गुजरना,

आजकल हमारा शगल है

जुड़ते - जुड़ते बिखरना,

आजकल हमारा शगल है

मन ही मन में निखरना,

आजकल हमारा शगल है

ख्यालों में सँवरना,

आजकल हमारा शगल है

रूह में उतरना,

आजकल हमारा शगल है

जीने के लिए मरना,
आजकल हमारा शगल है

हद से गुजरना,
आजकल हमारा शगल है

खुद से ही झगड़ना,
आजकल हमारा शगल है

आहटों से सिहरना,
आजकल हमारा शगल है

बादलों में उड़ना,
आजकल हमारा शगल है

खुद से वादे करके मुकरना,
आजकल हमारा शगल है

तसव्वुर से डरना,
आजकल हमारा शगल है

(2002)

दास्ताँ

जुदा हो जायेंगे हम,
है कुछ ही लम्हों का फ़ासला

मिलने - बिछड़ने का है,
ये अनवरत सिलसिला

कह डालिए जो चाहते हों कहना,
हद भी है, कब तक खामोश रहना?

रफ्ता - रफ्ता उठ रहा है,
जेहन-ओ-दिल में अजब सा जलजला

बेताब हैं हम, सुनने को आपकी दास्ताँ,
फिर होंगे कहाँ आप, और होंगे हम कहाँ

मुनव्वर न हुआ साथ,
न दोस्ती का गुल खिला

नयी रोशनी लेकर आएगा आदित्य नवेला,
यह जिंदगी तो है, मिलन और बिछोह का मेला

आप भरोसा कीजिए हम पर,
न करेंगे हम कोई गिला

(2002)

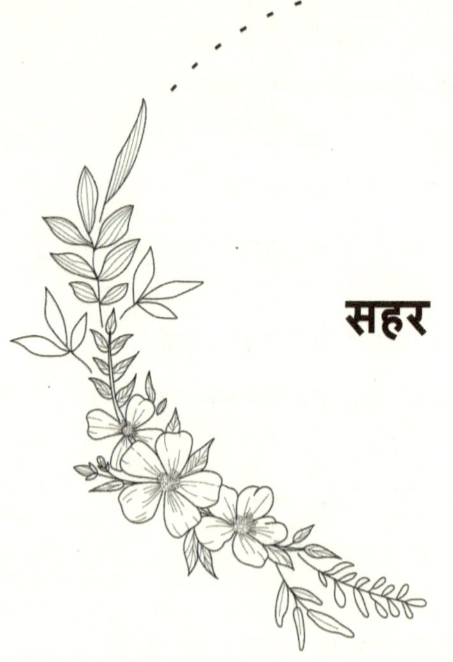

सहर

इस लम्बे इंतज़ार की यामिनी के बाद
आएगा सहर
कभी तो अपने साहिल से मिलेगी
बिखरी सी लहर

हर शै में, हर फ़िज़ा में,
ढूंढती हूँ उस पहचाने से अजनबी को;
जिसकी छुअन की तपिश ढाने लगी है,
मुझ पर कहर

नक़ाब रुख से उठ जाए,
बैठे हैं उस लम्हे के इंतज़ार में;
ज़ख्मों के जंगल में कहीं तो मिलेगा,
मल्हमों का शहर

ख्वाब है कि हकीकत है,
चिलमन धोखा खाने लगी;
तमन्ना तो थी पीयूष की,
पिला दिया तड़प का ज़हर

कहीं तो, कभी तो, ज़िन्दगी के किसी मोड़ पर,
अचानक टकराएंगे;
उस लम्हे हम पर भी होगी,
लफ़्ज़ों की मेहर

इस बहके पथिक को मिलेगी,
अपनी मोहब्बत की मंज़िल;
आस की शमा जलाये बैठे हैं,
हर लम्हे, हर पहर

(2002)

तन्हाई

जाने कौन चुपके से, आने लगा है ख़यालात में,
जाने कौन सपनों को, महकाने लगा है ख़यालात में

दिल चाहे कभी कुछ,
कभी चाहत है कुछ भी न चाहने की;
दिल ही दिल को दिल से, बहलाने लगा है ख़यालात में

रंगीनियाँ फैली हैं,
हर सूँ इस कदर कि;
मंज़र फ़िज़ा का, छाने लगा है ख़यालात में

चोरी से कोई कुछ कह जाता है,
सुनती हैं कैसी सदाएँ;
अब तो हर दम कोई, आने और जाने लगा है ख़यालात में

ज़ख्म का अहसास है,
कभी यहाँ तो कभी वहाँ क्या कहें,
ज़ख्म दे तो कभी कोई, सहलाने लगा है ख़यालात में

अब क्या करें हालात,
किसी से हम बयाँ,
अजनबी कोई, शरमाने लगा है ख़यालात में

नहीं जानते हैं हम उसे,
ना जानने की तमन्ना ही है,
दिलबर हमारा कोई, कहलाने लगा है ख़यालात में

अपने आपसे ही,
बात करते रहे अब तलक,
जाना अनजाना कोई, बतलाने लगा है ख़यालात में

(2002)

ग़म का अंधेरा

खुशियों भरे उजाले में,
हँसी के रखवाले में,
अचानक छाने लगा,
मुझको रुलाने लगा,
ग़म का अंधेरा

हँसता खेलता वक़्त ज्यों रुक गया,
मुस्कुराहटों का देवता झुक गया;
आता है मज़ा उसे हराने में,
हर किसी के अश्क़ बहाने में,
वो ग़म का अँधेरा

खता जो गर पहचान पाते,
इसका हल भी जान पाते;
हर राह में आने लगा,
शमा को सताने लगा,
ग़म का अंधेरा

(2002)

रिश्ता: एक अहसास

चुपके से, अनजाने में जुड़ जाता है
रिश्ता : एक अहसास,
अचानक किसी को चाह के,
हम बना लेते हैं खास

एक से एक कड़ी बंधती है,
और जन्म देती है एक दास्ताँ को
हर एक छोटी सी बात भी उकसाती है,
रिश्ते के निशाँ को

बंदिशों की सींखचों में,
एक खूबसूरत नज़्म लेती है सांस

दिल से दिल को राह है,
सच यह अफसाना लगता है
हर एक अश्क़ की झिलमिलाहट में,
मोतियों का खज़ाना लगता है

दूर हो कोई कितना भी,
करीब होने का होता है आभास

(2002)

कुछ पल

बीतते हुए कुछ पल हैं यादों की अमानत,
उन पलों को जीने की आज फिर है चाहत

चाहती हूँ हर एक लम्हा यादगार निशानी बन जाये,
दे दूँ मैं उन लम्हों को तोहफे में लफ़्ज़ों की नियामत

किसी हसीं वादी सी होती थी खुशियों की आहट,
काश! फिर हँसी के जलते चिरागों से मुनव्वर हो जीनत

मुश्किल इम्तिहानों से रूबरू होंगे आखिर कब तक,
गर क़यामत पे वो पल नसीब हों तो आ जाये क़यामत

मोहब्बत का नज़राना देते - देते हम ही अकेले रह गए,
उन पलों को पाने की खातिर पानी है हर किसी से मोहब्बत

(2002)

मनन

खिल कर एक कली धीमे से मुस्काई,
फिर भोर के संग उसने ली अंगड़ाई।
सूरज ने गुदगुदाया, भंवरे ने हौले से जगाया,
जीवन में उसके सुहानी सी पहली प्रभात आई।

नित नए परिवर्तन कली में आए,
देख कलिका मन ही मन शर्माए।
धीरे - धीरे कली हो रही है किशोर,
बाँध रही भ्रमर की प्रीत की डोर।
आएँ कभी खुशियाँ तो कभी आ जाए तन्हाई।

चुपके से दस्तक दी यौवन ने,
आई बहार पूरे उपवन में।
महक उठा फ़िज़ाओं से ये चमन,
रो रहा बंदिशों से कली का मन।
रीत जग की होती है कितनी दुखदाई।

(2000)

सोच का कारवां

रोके नहीं रुकता, बढ़ता ही जाये सोच का कारवाँ
रंगीन होने लगे हैं सपने मेरे, छाई है हर सूँ फ़िज़ाँ

जाने किससे ख्वाबों में, छुप के मुलाक़ात करते हैं
फ़ासले बढ़ते जा रहे, ज़िस्म - ओ - रुह के दरमियाँ

बिखर जाएँ हम कहीं, यह दिल चाहने लगा है
चाहते चाहती हैं, आपसे नज़दीकियाँ

कहते - कहते अधर झिझक के चुप हो जाते हैं
सोचते - सोचते ही दफ़न हो जाता है बयाँ

दिल की दिल से राह - ऐ - पैगाम है, सुना था हमने
अंतहीन, चेहरे को खोजते आईने सी हो गई है मेरी दास्ताँ

शमा मुनव्वर है ज़हन में एक मुद्दत से
अजनबीयत है अल्फ़ाज़ों से, कहे भी तो आखिर क्या ज़ुबाँ

(2002)

ज़ख्म

कितने बेदर्द होते हैं, ये कम्बख्त ज़ख्म भी,
ख़ुशी में भी देते हैं दर्द का अहसास

शराफत से किसी से दिल ना लगाइये
गर मुनव्वर हो यह चराग़ तो फिर ना बुझाइये
शोलों से खेलना मुमकिन नहीं,
जला बैठेंगे सब कुछ अपने आस - पास

विश्वास जो टूटा तो बिखर जायेगा आशियाना
नहीं मुनासिब किसी के ज़ज़्बात आजमाना
अरमानों की फेरबदल में क्यों करें दख़लअंदाज़ी,
तड़पते अल्फ़ाज़?

(2003)

समझौता

करने ही पड़ते हैं समझौते, ज़िन्दगी में अक्सर
एतबार नहीं खुद पर ही, उलझन में हैं करें किस पर

गलतफहमियों से रुबरु होना ही पड़ता है,
मुस्कान के बाद हर दफे रोना ही पड़ता है।
हँसते हुए ही छलक पड़ता है पानी रुख पर

शिकायतों से ज़ख्मों पर सुर्खी छाई है,
जवाब दें या न दें हर तरह से रुसवाई है।
दर्द की तपन महसूस कर सकता है सिर्फ सुख़नवर

ताज़्ज़ुब नहीं हो जो कि कोई हँसते हुए रोए,
लगे पाया है कुछ पर सब कुछ शायद वह खोए।
सुकून की तलाश में भटकते हैं दर - ब - दर

(2003)

तमन्ना

तमन्ना हो पूरी हमेशा ये जरुरी तो नहीं
मेरे ख्वाबों की हर सरगम को मंजूरी तो नहीं

ठोकरें लगती रहें तो पाँव लहूलुहान हो जाते हैं
रहने वाले हों 'गर रुखसत तो घर भी मकान हो जाते हैं
मेरी आरज़ू की हर शमा सिंदूरी तो नहीं

सुनहरे सपनों में डूबना - उतरना अच्छी बात नहीं
आँख रखो खुली, दिन को समझो रात नहीं
शुबहा है हमें, कहीं हमारी हर कोशिश अधूरी तो नहीं

(2003)

कल सुबह

कल सुबह सहमी सी दस्तक महसूस हुई मेरे मन को
जैसे कोहरे की उदासी में दबे पाँव आते सूरज के दर्शन

बहुत दिनों बाद ताज़ी हवा का झौंका गुजरा
ऐसा लगा जैसे किसी चुलबुले ने छू लिया हो

बहुत दिनों बाद खुल के, मासूमियत से हँसी मैं
ऐसा लगा जैसे मौत के बाद ज़िन्दगी को जिया हो

मुद्दतों बाद किया हर एक लम्हे ने ख़ुशी का अर्पण
जैसे कोहरे की उदासी में दबे पाँव आते सूरज के दर्शन

(2003)

सपने

गर सपने ना हों ज़िन्दगी में,
तो ज़िन्दगी होगी बिल्कुल बेरंग तस्वीर
सपने ही तो भरते हैं ज़िन्दगी में रंग,
सपने ही तो हैं फिज़ाँ की महकी समीर

सपनों से ज्यादा शाश्वत कुछ भी नहीं,
सपनों से ज्यादा मोहब्बत कुछ भी नहीं
सपने ही तो हकीकत, सपने ही ज़ज़्बात
सपने ही अधूरी, अनकही चाहतें,
सपने ही तो तक़दीर

गुज़श्ता वक़्त के निशान हैं सपने,
आने वाले लम्हों की दास्तान हैं सपने।

(2004)

ख़ुशी

पाने को मुकम्मल मंज़िल, चाहत अभी बाकी है
मुनव्वर करने को महफ़िल, चाहत अभी बाकी है

रोशनी की कायनात दूर सही, पेशानी पर शिकन तक नहीं
ज़ख्मों का अभी ज़िक्र कहाँ, शिद्दत से मिली चुभन तक नहीं
हदें पार करने को ऐ! संगदिल, चाहत अभी बाकी है

नामुमकिन कहना इस दरमियान, नाक़ाबिले माफ़ी खता है
हमें है 'इल्म' हर उस चाहत का, जो चाहतें हमसे खफा हैं
खुर्द करना अपने ही जिगर को मुश्किल, चाहत अभी बाकी है

वक़्त की रेत पर गुजर जाना है, पेश करते हुए निशाँ
महकना है इस क़दर कि, बना दें ख़ुशनुमा, हर मंज़र, हर समां
लहरों को पाना है ख़ुशी का साहिल, चाहत अभी बाकी है

(2003)

आज भी...

ठंडी हवा कांटों सी चुभन,
छोड़ जाती है आज भी
दिल की सदा हौले से वो नाम,
गुनगुनाती है आज भी

वही समां, वही मंज़र, वही नज़ारे,
कुछ भी तो नहीं बदला
तुम्हारे बिना इन सबके अधूरेपन की कसक,
रुला जाती है आज भी

आज भी उसी तरह बेमतलब तुम्हारा इंतज़ार करते हैं
तुम्हें एक झलक देखने को खिड़कियों से झाँका करते हैं
तुम्हारे ना होने की तड़प,
रह - रह के कसमसाती है आज भी

आस का दामन पकड़े हैं, रुखसत होने से पहले
एक बार, बस एक बार, जी भर देख लूँ शायद
बुझती, खामोश होती आँखों में इसी उम्मीद की चमक,
जगमगाती है आज भी

(2003)

कोई अपना सा

जब दिल की तंग गलियों में
तन्हाई फैली हो हर सूँ,
दिल तड़पता हो किसी के स्पर्श को,
तो खोजो अपने आस - पास,
कोई अपना सा

अनजाना ही कोई तुम्हारा हमसफ़र
होगा यहीं कहीं पर न आये नज़र
जिसे हो दिल के दर्द का अहसास,
कोई अपना सा

काफी नज़दीक उस चेहरे को तुमने पहचाना नहीं
मासूम सा वह मजबूत कंधा कोई अनजाना नहीं
शिद्दत से तुम समझते काश!
कोई अपना सा

दर्द के इस आदान - प्रदान से ख़ुशी को अपना लो
काँटे चुन - चुन के गुलज़ार गम - ऐ - गुलशन को सजा लो
मुद्दतें भी करेंगी साथ का परिहास,
कोई अपना सा

(2006)

शिकवा

शिकवा है ज़िंदगी से,
शिकवा है हमको हम ही से
शिकवा है रोशनी से,
शिकवा है झूठी ख़ुशी से

हालात यूँ अचानक बदल जाते हैं,
ज़िंदगी खड़ी है एक नए मुकाम पर
क्या ज़िंदगी से यह अंतहीन संघर्ष
पहुँचेगा किसी खुशगवार अंजाम पर?
शिकवा है मयकशी से
शिकवा है तिशनगी से

क्या किसी की ख़ातिर जीना,
किसी को चाहना ही नाम है ज़िन्दगी का?
क्या किसी टूटे दिल से जुड़े चेहरे पर,
मुस्कान लाना ही काम है ख़ुशी का?
शिकवा है आशिक़ी से
शिकवा है शायरी से

(2002)

हमसफ़र

कहाँ से चले, कहाँ है जाना
क्या है खोया, क्या है पाना

नफे नुकसान का उलझा सा ताना - बाना
कितना आसान है यूँ खुद को ही खो जाना

हर शख़्स मिला मुझ को यहाँ अनजाना
मैं ना जानूँ किसे छोड़ दूँ, किसे है अपनाना

इतने सब सवाल ना समझते मुझ को
रास्ते हों मेरे हम सफ़र,
बस इतना ही हो मेरा अफसाना

(2014)

आरज़ू

आरज़ू को पर लग रहे हैं,
हसीं सारे मंज़र लग रहे हैं

ख्वाबों की जन्नत जगमगा रही हो,
ऐसे रात के रहगुज़र लग रहे हैं

तितलियों के परों के रंग चुरा के,
फूलों की महक को मिला के,
मदमस्त हवाओं में लहरा के,
कितने नए ये शज़र लग रहे हैं

कंधे पर सर को टिका के,
तेरी बाँहों में खुद को भुला के,
तेरी हर सांस को अपना बना के,
ठहरे हुए सारे मंज़र लग रहे हैं

ख्वाबों की जन्नत जगमगा रही हो,
ऐसे रात के रहगुज़र लग रहे हैं

(2006)

तन्हा

तन्हा हूँ मैं तेरे बिन,
कैसे बताऊँ तुझे?
तन्हा हूँ मैं हर पलछिन,
कैसे समझाऊँ तुझे?

दूर तक फैले इस सहरा में,
ग़मों की धूप के बारहा में,
कैसे गुजारूँ यह गहरे दिन,
कैसे भुलाऊं तुझे?

किस सहारे मुझे यूँ छोड़ कर जा रहा?
एक कंधा लेकर और एक देकर जा रहा,
मुरझा रहा वक़्त ये कमसिन,
कैसे दिखाऊं तुझे?

(2006)

तुम कौन हो?

तुम कौन हो, जो मुद्दत से वीरान
मेरे दिल की ज़मीं पर आहट दे रहे हो?
जिसकी बातें मचल रही हैं, मेरी तन्हाई में
फिर से नई गुफ्तगूँ छेड़ने को

मुस्कुराना भूल चुके मेरे लबों को
अपनी चुहल से क्यों खिलने पर मजबूर कर रहे हो
क्यों मेरे हर तरफ बिखरे अंधेरों में
अल सुबह की अलसाई सुनहरी धूप भर रहे हो

आखिर कहाँ से अचानक आ गए हो
मेरी खामोश ज़िंदगी में तरानों की हलचल छेड़ने
मेरी खो चुकी मासूम हरकतों को मचलने पर
मजबूर करके मेरा अल्हड़पन झिंझोड़ने

क्यों करते हो मेरी अनजानी खूबसूरती को निखार कर
मुझे फिर से परिभाषित करने की मासूम कोशिश
तुम ख़्वाब या खुशबू या जो भी हो, आओ
और हकीक़त बन कर मेरी ज़िंदगी में बिखर जाओ

(2004)

तलाश

मेरी तन्हाई की ये अनकही तलाश,
जाने ठहरेगी जाकर किस मुक़ाम।

नए साल के नए सूरज की,
नई किरणों में शायद झलके एक नया नाम

तलाश मेरे धुँधला चुके सुनहरे सपनों की,
तलाश अजनबी चेहरों में कुछ सचमुच के अपनों की।

शायद इस बार तन्हा नहीं हो,
सागर किनारे की सुहानी मस्तानी शाम

गुज़रे हुए वक़्त की पनाह में महफ़ूज़ हूँ मैं,
आने वाले कल के ख़ौफ़ से अभी महरूम हूँ मैं।

आते - जाते इन दिलचस्प किरदारों को,
पेशतर हैं समाईन 'ऋत्' के सलाम।

(2004)

शायद...

जब ज़िंदगी की राहों में पत्थर आ जायें,
जब एक काली रात का अँधेरा छाया हो।

रोशनी और रास्तों की कोई उम्मीद ना हो,
ज़ार - ज़ार रोना चाहें, पर एक अदद कंधा भी ना हो।
मुस्काने को दिल करे, पर कोई वज़ह भी ना हो,

दूर भाग जाने को दिल करे, पर मोहलत भी ना हो।
ज़िन्दगी से दिल ऊब जाये, पर क़यामत भी ना हो,

नई शुरुआत की चाहत हो, पर किनारा ही ना हो,
तलाश हो ज़ज़्बातों को मक़ाम की, पर सहारा ही ना हो।

पुकारना चाहें जोरों से कोई नाम, पर आवाज़ ही ना हो,
गुनगुनाना चाहें कोई शेर या कलाम, पर साज़ ही ना हो।

सज़दे में झुकना चाहे ये सिर, पर कोई फ़रिश्ता ही ना हो,
इत्मीनान हो जिस पर तसल्ली से, ऐसा कोई रिश्ता ही ना हो।

भेजना चाहें किसी को कोई संदेश, पर पैग़ाम लिखा ही ना जाए,
घड़ी भर रुक कर सुस्ताना चाहें, पर क़दमों से रुका ही ना जाए।

कोशिश करें हम दिल से, पर कोई मक़सद तो हो,
खिलखिला के हँसे हम, पर ये ग़म रुखसत तो हों।

यही सब सोच - सोच कर हम परेशां होते रहे,
ढूंढने होंगे मुझे ही ज़वाब, कोई ना आएगा;

जानते हुए एक उम्मीद है बाकी कि
शायद कभी कोई आए मेरे भी घर
खुशियों की सुबह लेकर

शायद...

(2004)

वज़ह

किस - किस की वज़ह खोजें हम,
बिखरे हैं सवाल ही सवाल।
गहरे दर्द में मीठा अहसास, ख़ुशी में आँसू,
ज़ज़्बातों के कितने कमाल।

उस अजनबी से अनजाने ही जुड़ गए,
जाने क्या कशिश थी?
उसकी इल्तेज़ा ठुकरा ना सके,
ठुकरा तो दिया बंदिशों का ख्याल।

वो अपने अंदाज़ में छेड़ गया,
अरसे से अनछुए दिल के तार
उसकी नूतन सरगम पर,
पाँवों की थिरकन से उपजी नई ताल।

दिल हमें, कभी हम दिल को समझाते हैं,
कुछ अंजाम यूँ ही बेवज़ह भी हो जाते हैं
कुछ अहसास हैं खूबसूरत बेपनाह,
पेशतर नहीं कोई मिसाल।

(2004)

सब कह जाती हूं मैं

तेरे ख्याल से ही यूँ ही महक जाती हूँ मैं,

हर तार को कुछ इस तरह झंकृत किया तुमने,
खामोश हो कर भी सब कह जाती हूँ मैं।

हर अक्स में एक तिरा ही अक्स दिखता मुझ को,
बारहा उसी की गहराइयों में समा जाती हूँ मैं।

तेरा ख्याल भी है काफी, 'ऋत्' सारे मंज़र बदलने को,
जब तेरा दीद हो तो सचमुच फ़ना हो जाती हूँ मैं।

तेरे दूर चले जाने का इमकान भी मंजूर नहीं मुझको,
इस इंतिबाह की मजबूरी से ही सहमा जाती हूँ मैं।

तेरी छुअन भर से पिघल कर बस बह जाती हूँ मैं।
खामोश हो कर भी सब कह जाती हूँ मैं।

(2020)

सुबह

मुद्दत बाद आज सुबह देखी है,
मीलों चल कर एक नयी जगह देखी है।

अटकी, फँसी साँसों के बीच,
ताज़ी हवा देखी है।

खुद ही को पाने और खोने की
उलझनों के बीच,
अपने वजूद की कशमकश
होते रवाँ देखी है।

अपने आस - पास बिखरी
तमाम हलचलों के दरम्यान,
खुद को डुबोने की कोशिश
ख्वामख्वाह देखी है।

कितने भी क़रीब महसूस होते हों
रिश्ते मगर,
अलगाव की दरारें
उनके भी दरम्यान देखी हैं।

उम्मीदों की सुबह
रिश्तों की शाम,
चुपके से पसरती
ख्वाबों भरी सबा देखी है।

(2011)

फ़रेब

एक पहेली के टुकड़े बिखरे हों जैसे
अधूरी ग़ज़ल के उलझे मिसरे हों जैसे

गुज़श्ता हर लम्हे की दास्ताँ में
कुदरत के सब रंग निखरे हों जैसे

मेरे दर पे चुपचाप गहराती है शब
दामन में दबी तेरी - मेरी फिक्रें हों जैसे

हर शख्स है सहमा सा कुछ यूँ
चेहरों पे बावस्ता फ़रेब की लाखों हिज़रें हों जैसे

दिल टूटा सा दुखता है फिर से आज
तुम किसी हसीं वादे से मुकरे हों जैसे

(2011)

नज़रिया

शाम की उदासी है
या सुकून है पसरा,
सिर्फ नज़रिये की बात है।

किस्सा आँख की नमी का,
ख़ुशी का या ग़मीं का,
सिर्फ नज़रिये की बात है।

चलता तो रहा हूँ हमेशा
सोचूँ इस मोड़ पर आज ठहरा
पड़ाव है ये आखिरी
कि सफर है ये नया,
सिर्फ नज़रिये की बात है।

अपनी तलाश की दास्ताँ में
धुंधला गई हैं सारी तस्वीरें
ये मेरे वज़ूद के मक़ाम का
आग़ाज़ है कि अंजाम है
सिर्फ नज़रिये की बात है।

(2011)

नक़ाब

हर सुबह पूछती हूँ अपने आप से,
क्यूँ जुदा हूँ मैं अपने ही ख्वाब से

चेहरों की बिखरी भीड़ में
पहचानना है मुश्किल, वज़ूद को नक़ाब से।

सर्द पड़े अहसासों की गर्त को,
पिघलाना होता है, प्यार के ताप से।

सबकी सच्चाइयाँ बिखरी पड़ी हैं खुले में
लाख छुपाओ, हँसी के हिज़ाब से।

तन्हाई के दामन में भी सुकून मिलता है
गर खुद से ही वाकये हों, बेहिसाब से।

सब कुछ ठहरा हुआ है यूँ
खामोशियाँ पसरी हैं, पहले अज़ाब से।

(2011)

चेहरे

एक चेहरे की तलाश, इन बिखरी परछाइयों में
निहायत आसान है खोना, यहाँ की गहराइयों में

जड़ आँखों से देखूं, गुज़रते हुए रेले
अपने ही अस्तित्व से यहाँ, हर कोई खेले

किनारे पर रुके, डरे हैं अपने वजूद की खाइयों में

किस चेहरे को पहचानूँ, इतनी परतों के दरम्यान
इन उलझे चेहरों में, कोई तो बचा होगा खुशनुमां

ठहराव को थामे रहना, बह सकते हैं खुद की जुदाइयों में

(2011)

दिन आज भी
थोड़ा गीला

रोज़ की तरह,

सुबह देर तक सोई मैं

दिन आज भी थोड़ा गीला,

और सपनों में खोई मैं

कल रात बहुत देर जगी

फिर थी उसकी प्यास लगी

आज भी उसको पुकारा मैंने

खुद को फिर से मारा मैंने

उसको मैंने अपना बनाया, और उसी की होई मैं

ये वक़्त यहीं थम जाए

चाहे सांस भी कम आए

अब तो खुद को पहचानूँ मैं

खुद की बात भी मानूं मैं

खुद को खोकर कुछ ना मिलता, आखिर आज ख़ुशी से रोई मैं

(2011)

पहचान

अनन्त फैला पड़ा था गहरा अँधेरा,
और उतना ही अनन्त आसमान।

उतनी ही गहन थी मेरी ख़ामोशी,
और उतने ही अधूरे मेरे अरमान।

क़तरा - क़तरा बिखरा मेरा सारा जहाँ,
और रुकते ना बनते मेरे अश्क़ान।

तरसती हर आहट, हर रोशनी को,
और थरथराते सूने लब बिन मुस्कान।

काटती हर दिन पीर की तड़प से,
और रात की हर करवट सुनसान।

ना सूनी आँखों में बची ज़िन्दगी,
और हर सांस भी हो चली बेजान।

ना जीने की चाहत, ना मरने का खौफ़,
और ना ही उम्मीद का नाम - ओ - निशान।

ना पाने की बेचैनी, ना खोने का डर,
कुछ इस क़दर हुए हम परेशान।

अपना ही साया अजनबी बना,
और अक्स भी हो चला अनजान।

फिर भी न बिखरी मैं, और भी निखरी मैं,
और तब जाना, यही है मेरी 'पहचान'।

(2010)

झरोखा

कोई समझा न था कभी, ना ही कोशिश की थी।
वक़्त की परतों तले, हर आहट दबी सी थी।

बरसों की धूल को, एक ही झोंके से हिला दिया।
हाय! मेरे दिल, ये आख़िर तूने मुझे किससे मिला दिया।

हर हँसी में अश्क़, हर अश्क़ में हँसी सी थी।

एक झरोखा खुला और सब कुछ रोशन हो गया।
कहीं गहराई से निकला और मेरा सब रोहन हो गया।

हर लम्हे पर, कुछ सिसकियों की गर्त जमी सी थी।

मेरे हर वीराने, हर ख़ामोशी में, वो चहचहा के गुज़रा है।
मेरे हर अँधेरे में वो, किरणों के जैसे उतरा है।

उसके गीतों से पहले, मेरी हर सांस कुछ सहमी सी थी।

मेरे हर टूटे सपने की किरचें, चुभती हैं मुझे हर पल।
ग़म का मौसम जाता ही नहीं, खुशियाँ तो जाती हैं फिसल।

आँखें खोली तो पसरे वही अँधेरे थे, उनमें बाकी बस कुछ नमी सी थी।

(2009)

कहाँ सबके बस की बात है...

कुछ कह पाना, कहाँ सबके बस की बात है
और खामोश रह पाना भी,
कहाँ सबके बस की बात है

यूँ तो हम बरबस बतियाते ही रहते हैं
फिर भी असल जज़्बातों को छुपाते ही रहते हैं;
अपनी असलियत दिखलाना,
कहाँ सबके बस की बात है

यूँ तो अक्सर ज़िंदगी के फ़लसफ़े दोहराये जाते हैं
मगर ज़रा ज़रा सी सतह ही तो खुरच पाते हैं;
खुद की गहराई थाह पाना,
कहाँ सबके बस की बात है

यूँ तो अब जुड़ने के तरीके हज़ार हो गये हैं
पर दिलों को जोड़ने वाले तार, तार - तार हो गये हैं;
अपने दिल की सच्चाई सुनाना,
कहाँ सबके बस की बात है

(2020)

चुनिंदा शेर

तुम तशरीफ़ लाए हो, शबनम सी उजास लिए।
जाने क्यों बैठे हो, उर में सुन्दर आस लिए॥

जुदा हो रहे हो, हमें न भुलाना।
आँखों से दूर जाके, दिल से न दूर जाना॥

रश्मि जो पड़ी, शुरू हुआ नया सिलसिला।
भँवरे ने जो छुआ कली को, नव सुमन खिला॥

आदित्य डूबा नभ में, आई चाँद को लिए निशा।
आओ हम तुम मिल ढूंढें, सपनों की नई दिशा॥

चुपके से आई भोर, तबस्सुम दमक उठी।
धरा मिली आकाश से, फुलवारी महक उठी॥

आखिर मोह ही लिया तुमने, अपनी स्निग्ध मुस्कान से।
नित शिखरों को छूती जाओ, अपने मन की उड़ान से॥

नव प्रेरणा तुम हो, दीप्ति नवल तुम हो।
रोज़ सुवासित होने वाला, अद्भुत कँवल तुम हो॥

विदग्ध हुई कलुषता, जो ये नयन कपाट खुले।
हृदय में ये ही सोचूँ, नित आशाओं के दीप जले॥

यायावर में खोई सी, मंज़िल सदा ही खोजती।
लेकिन खो न जाए कहीं, अमानत ये तुम्हारी दोस्ती॥

मन की सदाओं के लफ्ज़, लबों से फिसल न जाएँ।
बड़े जतनों से संभाला इसको, कहीं राज़ ये खुल न जाए॥

आपको इल्म भी न होगा, कब चले जायेंगे हम।
यादों की गुफ्तगू में हमें खोजा करोगे तुम॥

कुछ मैंने न सुनी, कुछ तूने न सुनी;
बात रही कुछ अनसुनी।
सारी उम्र गुज़री, यूँ ही अधबुनी॥

छेड़ो तो शोला हैं, छू लो तो बस शबनम हैं।
कांटों भरी इस राह पर, चलने वाले बस हम हैं॥

वो बेवफा इस क़दर निकलेंगे, हमने सोचा न था।
शिद्दतों से टूटे हुए कन्धों पर खोजा सहारा,
ये हमारी खता थी॥

अब क्या करें आपसे हालात अपने बयां।
आपको तो पता है, आजकल हम खुद हैं लापता॥

www.ingramcontent.com/pod-product-compliance
Lightning Source LLC
LaVergne TN
LVHW101947220826
846093LV00006B/139